Materialien
Freundschaft – Liebe – Partnerschaft

Hans Getzeny (Hrsg.)

Materialien
Freundschaft – Liebe – Partnerschaft

Sekundarstufe I

Ernst Klett Verlag für Wissen und Bildung

1. Auflage 1 7 6 5 4 3 | 1995 94 93 92 91

Alle Drucke dieser Auflage können im Unterricht nebeneinander benutzt werden, sie sind untereinander unverändert. Die letzte Zahl bezeichnet das Jahr dieses Druckes.

Satz: G. Müller, Heilbronn
Druck: W. Röck, Weinsberg
Einbandgestaltung: Zembsch' Werkstatt, München
ISBN 3-12-268630-9

Inhalt

Freundschaft bedeutet für mich

1 Regeln für das Schreibgespräch

- Jede Gruppe erhält ein Blatt.
- Jedes Gruppenmitglied schreibt mit einer anderen Farbe.
- Sprechen verboten!
- Blatt wird innerhalb der Gruppe herumgereicht.
- Jeder äußert sich schriftlich zum Thema oder zu dem, was bereits an Meinungen auf dem Blatt steht.
- Falls Papier ausgeht: Strecken!

Was erwarte ich von einer Freundschaft/Partnerschaft?

2 Ein Leserbrief aus einer Jugendzeitschrift

Neulich hat mich ein sehr netter Junge gefragt, ob ich mit ihm gehen wolle. Ich habe ihm aber noch keine Antwort gegeben, weil mich die Frage quält, was „Miteinander gehen“ eigentlich heißt. Irgendwie traue ich mich nicht, den Jungen danach zu fragen, aus Angst, er lacht mich aus. Lebe ich hinterm Mond, wenn ich das nicht weiß? Heißt miteinander gehen: Daß ich mit ihm ins Bett gehe (mit 14 Jahren)? Daß wir uns täglich treffen, Händchen halten und uns küssen? Oder daß ich mit ihm Petting mache (ich hatte damit schon schlechte Erfahrungen)? Oder daß man nur gut Freund ist?
Ich möchte dem netten Jungen bald antworten.

Antje, 14, Hamburg

Der Ausgangspunkt: Sich selbst annehmen!

3 Von der Schwierigkeit zu lieben

Bitte höre, was ich nicht sage! Laß dich nicht von mir narren. Laß dich nicht durch das Gesicht täuschen, das ich mache. Denn ich trage tausend Masken – Masken, die ich fürchte abzulegen. Und keine davon bin ich. So tun als ob ist eine Kunst, die mir zur zweiten Natur wurde. Aber laß Dich dadurch nicht täuschen, um Gottes willen, laß Dich nicht von mir narren.

Ich mache den Eindruck, als sei ich umgänglich, als sei alles sonnig und heiter in mir, innen wie außen, als sei mein Name Vertrauen und mein Spiel Kühle, als sei ich ein stilles Wasser und als könne ich über alles bestimmen, so als brauchte ich niemanden. Aber glaub mir nicht, bitte, glaub mir nicht! Mein Äußeres mag sicher erscheinen, aber es ist meine Maske. Darunter ist nichts Entsprechendes. Darunter bin ich, wie ich wirklich bin: verwirrt, in Furcht und alleine. Aber ich verberge das. Ich möchte nicht, daß es irgend jemand merkt. Beim bloßen Gedanken an meine Schwächen bekomme ich Panik und fürchte mich davor, mich anderen überhaupt auszusetzen. Gerade deshalb erfinde ich verzweifelt Masken, hinter denen ich mich verbergen kann: eine lässige, kluge Fassade, die mir hilft, etwas vorzutäuschen, die mich vor dem wissenden Blick sichert, der mich erkennen würde. Dabei wäre dieser Blick gerade meine Rettung. Und ich weiß es. Wenn er verbunden wäre mit Angenommenwerden, mit *Liebe.* Das ist das einzige, das mir die Sicherheit geben würde, die ich mir selbst nicht geben kann: daß ich wirklich etwas *wert* bin.

Aber das sage ich Dir nicht. Ich wage es nicht. Ich habe Angst davor. Ich habe Angst, daß Dein Blick nicht von *Annahme und Liebe* begleitet wird. Ich fürchte, Du wirst gering von mir denken und über mich lachen – und Dein Lachen würde mich umbringen. Ich habe Angst, daß ich tief drinnen in mir selbst nichts bin, nichts wert, und daß Du das siehst und mich abweisen wirst.

So spiele ich mein Spiel, mein verzweifeltes Spiel: eine sichere Fassade außen und ein zitterndes Kind innen.

Ich rede daher im gängigen Ton oberflächlichen Geschwätzes. Ich erzähle Dir alles, was wirklich nichts ist, und nichts von alledem, was wirklich ist, was in mir schreit; deshalb laß Dich nicht täuschen von dem, was ich aus Gewohnheit rede.

Bitte höre sorgfältig hin und versuche zu hören, was ich *nicht* sage, was ich gerne sagen möchte, was ich um des Überlebens willen rede und was ich nicht sagen kann. Ich verabscheue Versteckspiel. Ehrlich! Ich verabscheue dieses oberflächliche Spiel, das ich da aufführe. Es ist ein unechtes Spiel. Ich möchte wirklich echt und spontan sein können, einfach ich selbst, aber Du mußt mir helfen. Du mußt Deine Hand ausstrecken, selbst wenn es gerade das letzte zu sein scheint, was ich mir wünsche. Nur

Du kannst diesen leeren, toten Glanz von meinen Augen nehmen. Nur Du kannst mich zum Leben rufen. Jedesmal, wenn Du freundlich und sanft bist und mir Mut machst, jedesmal, wenn Du zu verstehen versuchst, weil Du Dich wirklich um mich sorgst, bekommt mein Herz Flügel – sehr kleine Flügel, sehr brüchige Schwingen, aber Flügel!

Dein Gespür, Dein Mitgefühl und die Kraft Deines Verstehens hauchen mir Leben ein. Ich möchte, daß Du das weißt.

Ich möchte, daß Du weißt, wie wichtig Du für mich bist, wie sehr Du aus mir den Menschen machen kannst, der ich wirklich bin – wenn du willst.

Bitte, ich wünschte, Du wolltest es. Du allein kannst die Wand niederreißen, hinter der ich zittere. Du allein kannst mir die Maske abnehmen. Du allein kannst mich aus meiner Schattenwelt, aus Angst und Unsicherheit befreien – aus meiner Einsamkeit. Übersieh mich nicht. Bitte – bitte, übergeh mich nicht! Es wird nicht leicht für Dich sein. Die lang andauernde Überzeugung, wertlos zu sein, schafft dicke Mauern. Je näher Du mir kommst, desto blinder schlage ich zurück. Ich wehre mich gegen das, wonach ich schreie. Aber man hat mir gesagt, daß Liebe stärker sei als jeder Schutzwall, und darin liegt meine Hoffnung.

Bitte versuche diese Mauern einzureißen, mit sicheren Händen, aber mit zarten Händen: ein Kind ist sehr empfindsam.

Wer ich bin, magst Du fragen? Ich bin jemand, den Du sehr gut kennst. Denn ich bin jedermann, den Du triffst, jeder Mann und jede Frau, die Dir begegnen.

(Aus: Tobias Brocher, Von der Schwierigkeit zu lieben. Der Text stammt nicht von Herrn Brocher persönlich, sondern wurde ihm von einem unbekannten Studenten in den USA übergeben.)

4 Antoine de Saint-Exupéry: Der kleine Prinz und der Fuchs

Aber nachdem der kleine Prinz lange über den Sand, die Felsen und den Schnee gewandert war, geschah es, daß er endlich eine Straße entdeckte. Und die Straßen führen alle zu den Menschen.
„Guten Tag", sagte er.
Da war ein blühender Rosengarten.
„Guten Tag", sagten die Rosen.
Der kleine Prinz sah sie an. Sie glichen alle seiner Blume.
„Wer seid ihr?" fragte er sie höchst erstaunt.
„Wir sind Rosen", sagten die Rosen.
„Ach!" sagte der kleine Prinz...
Und er fühlte sich sehr unglücklich. Seine Blume hatte ihm erzählt, daß sie auf der ganzen Welt einzig in ihrer Art sei. Und siehe! da waren fünftausend davon, alle gleich, in einem einzigen Garten!
Sie wäre sehr böse, wenn sie das sähe, sagte er sich ... sie würde fürchterlich husten und so tun als stürbe sie, um der Lächerlichkeit zu entgehen. Und ich müßte wohl so tun, als pflegte ich sie, denn sonst ließe sie sich wirklich sterben, um auch mich zu beschämen...
Dann sagte er sich noch: Ich glaubte, ich sei reich durch eine einzigartige Blume, und ich besitze nur eine gewöhnliche Rose. Sie und meine drei Vulkane, die mir bis ans Knie reichen und von denen einer vielleicht für immer erloschen ist, das macht aus mir keinen sehr großen Prinzen ... Und er warf sich ins Gras und weinte.

In diesem Augenblick erschien der Fuchs:
„Guten Tag", sagte der Fuchs.
„Guten Tag", antwortete höflich der kleine Prinz, der sich umdrehte, aber nichts sah.
„Ich bin da", sagte die Stimme, „unter dem Apfelbaum..."
„Wer bist du?" sagte der kleine Prinz. „Du bist sehr hübsch..."
„Ich bin ein Fuchs", sagte der Fuchs.
„Komm und spiel mit mir", schlug ihm der kleine Prinz vor. „Ich bin so traurig..."
„Ich kann nicht mit dir spielen", sagte der Fuchs. „Ich bin noch nicht gezähmt!"
„Ah, Verzeihung!" sagte der kleine Prinz.
Aber nach einiger Überlegung fügte er hinzu:
„Was bedeutet das: ‚zähmen'? (...)

„Das ist eine in Vergessenheit geratene Sache", sagte der Fuchs. „Es bedeutet: sich ‚vertraut machen'."
„Vertraut machen?"
„Gewiß", sagte der Fuchs. „Du bist für mich noch nichts als ein kleiner Knabe, der hunderttausend kleinen Knaben völlig gleicht. Ich brauche dich nicht, und du brauchst mich ebenso wenig. Ich bin für dich nur ein Fuchs, der hunderttausend Füchsen gleicht. Aber wenn du mich zähmst, werden wir einander brauchen. Du wirst für mich einzig sein in der Welt. Ich werde für dich einzig sein in der Welt ..."
„Ich beginne zu verstehen", sagte der kleine Prinz. „Es gibt eine Blume ... ich glaube, sie hat mich gezähmt ..."
„Das ist möglich", sagte der Fuchs. „Man trifft auf der Erde alle möglichen Dinge ..." (...)
Der Fuchs verstummte und schaute den Prinzen lange an:
„Bitte ... zähme mich!" sagte er.
„Ich möchte wohl", antwortete der kleine Prinz, „aber ich habe nicht viel Zeit. Ich muß Freunde finden und viele Dinge kennenlernen."
„Man kennt nur die Dinge, die man zähmt", sagte der Fuchs. „Die Menschen haben keine Zeit mehr, irgend etwas kennenzulernen. Sie kaufen sich alles fertig in den Geschäften. Aber da es keine Kaufläden für Freunde gibt, haben die Leute keine Freunde mehr. Wenn du einen Freund willst, so zähme mich!"
„Was muß ich da tun?" sagte der kleine Prinz.
„Du mußt sehr geduldig sein", antwortete der Fuchs. „Du setzt dich zuerst ein wenig abseits von mir ins Gras. Ich werde dich so verstohlen, so aus dem Augenwinkel anschauen, und du wirst nichts sagen. Die Sprache ist die Quelle der Mißverständnisse. Aber jeden Tag wirst du dich ein bißchen näher setzen können ..." (...)
So machte denn der kleine Prinz den Fuchs mit sich vertraut.
Und als die Stunde des Abschieds nahe war:
„Ach!" sagte der Fuchs, „ich werde weinen."
„Das ist deine Schuld", sagte der kleine Prinz, „ich wünschte dir nichts Übles, aber du hast gewollt, daß ich dich zähme ..."
„Gewiß", sagte der Fuchs.
„Aber nun wirst du weinen!" sagte der kleine Prinz.
„Bestimmt", sagte der Fuchs.
„So hast du also nichts gewonnen!" (...)
„Geh die Rosen wieder anschauen. Du wirst begreifen, daß die deine einzig ist in der Welt.
Du wirst wiederkommen und mir adieu sagen, und ich werde dir ein Geheimnis schenken."

Der kleine Prinz ging, die Rosen wiederzusehn:
„Ihr gleicht meiner Rose gar nicht, ihr seid noch nichts", sagte er zu ihnen. „Niemand hat sich euch vertraut gemacht, und auch ihr habt euch niemandem vertraut

gemacht. Ihr seid, wie mein Fuchs war. Der war nichts als ein Fuchs wie hunderttausend andere. Aber ich habe ihn zu meinem Freund gemacht, und jetzt ist er einzig in der Welt.“
Und die Rosen waren sehr beschämt.
„Ihr seid schön, aber ihr seid leer“, sagte er noch. „Man kann für euch nicht sterben. Gewiß, ein Irgendwer, der vorübergeht, könnte glauben, meine Rose ähnle euch. Aber in sich selbst ist sie wichtiger als ihr alle, da sie es ist, die ich begossen habe. Da sie es ist, die ich unter den Glassturz gestellt habe. Da sie es ist, die ich mit dem Wandschirm geschützt habe. Da sie es ist, deren Raupen ich getötet habe (außer den zwei oder drei um der Schmetterlinge willen). Da sie es ist, die ich klagen oder sich rühmen gehört habe oder auch manchmal schweigen. Da es meine Rose ist.“

Und er kam zum Fuchs zurück:
„Adieu“ sagte er ...
„Adieu“, sagte der Fuchs. „Hier mein Geheimnis. Es ist ganz einfach: man sieht nur mit dem Herzen gut. Das Wesentliche ist für die Augen unsichtbar.“
„Das Wesentliche ist für die Augen unsichtbar“, wiederholte der kleine Prinz, um es sich zu merken.
„Die Zeit, die du für deine Rose verloren hast, sie macht deine Rose so wichtig.“
„Die Zeit, die ich für meine Rose verloren habe ...“, sagte der kleine Prinz, um es sich zu merken.
„Die Menschen haben diese Wahrheit vergessen“, sagte der Fuchs. „Aber du darfst sie nicht vergessen. Du bist zeitlebens für das verantwortlich, was du dir vertraut gemacht hast. Du bist für deine Rose verantwortlich ...“
„Ich bin für meine Rose verantwortlich ...“, wiederholte der kleine Prinz, um es sich zu merken.

(Aus: A. de St. Exupéry, Der kleine Prinz)

5 Gold ist Liebe

6 Gegensätzliche Auffassungen von Liebe

Person A: „Wenn ich einen anderen Menschen wirklich liebe, dann akzeptiere ich ihn so wie er ist, ohne wenn und aber!“

Person B: „Nein, richtig lieben heißt doch gerade, daß ich sein Bestes will. Also werde ich ihn so verändern wollen, damit er das wird, was er eigentlich sein könnte.“

Person A: „Dann liebe ich doch aber in Wirklichkeit gar nicht mehr den konkreten Menschen, sondern irgendein Idealbild, das ich mir von ihm gemacht habe.“

Person B: „Vielleicht kenne ich ihn aber viel besser, als er sich selbst. Wenn ich ihn dann nicht verändern wollte, wäre ich gleichgültig und bequem.“

Person A: „Das Besondere der Liebe ist meiner Meinung nach aber die Fähigkeit, dem geliebten Menschen seine Eigenart zu lassen, keine Ansprüche an ihn zu stellen.“

Person B: „Nein, wirklich lieben heißt zu wissen, was für den anderen gut ist. Dann darf ich auch versuchen, ihn zu verändern!“

Lieben kann man lernen

7 Ist Lieben eine Kunst? (E. Fromm)

Die meisten Menschen sehen das Problem der Liebe in erster Linie als das Problem, *selbst geliebt zu werden,* statt *zu lieben* und lieben zu können. Daher geht es für sie nur darum, wie man es erreicht, geliebt zu werden, wie man liebenswert wird. Um zu diesem Ziel zu gelangen, schlagen sie verschiedene Wege ein. Der eine, besonders von Männern verfolgte Weg ist der, so erfolgreich, so mächtig und reich zu sein, wie es die eigene gesellschaftliche Stellung möglich macht. Ein anderer, besonders von Frauen bevorzugter Weg ist der, durch Kosmetik, schöne Kleider und dergleichen möglichst attraktiv zu sein (...)

In engem Zusammenhang hiermit steht ein weiterer charakteristischer Zug unserer heutigen Kultur. Unsere gesamte Kultur gründet sich auf die Lust am Kaufen, auf die Idee des für beide Seiten günstigen Tauschgeschäfts. Schaufenster anzusehen und sich alles, was man sich leisten kann, gegen bares Geld oder auf Raten kaufen zu können – in diesem Nervenkitzel liegt das Glück des modernen Menschen. Er (oder sie) sieht sich die Mitmenschen auf ähnliche Weise an. Der Mann ist hinter einem attraktiven jungen Mädchen und die Frau ist hinter einem attraktiven Mann her. Dabei wird unter „attraktiv" ein Bündel netter Eigenschaften verstanden, die gerade beliebt und auf dem Personalmarkt gefragt sind. (...)

Jedenfalls entwickelt sich das Gefühl der Verliebtheit gewöhnlich nur in bezug auf solche menschlichen Werte, für die man selbst entsprechende Tauschobjekte zur Verfügung hat. Man will ein Geschäft machen; der erwünschte Gegenstand sollte vom Standpunkt seines gesellschaftlichen Wertes aus begehrenswert sein und gleichzeitig auch mich aufgrund meiner offenen und verborgenen Pluspunkte und Möglichkeiten begehrenswert finden. So verlieben sich zwei Menschen ineinander, wenn sie das Gefühl haben, das beste Objekt gefunden zu haben, das für sie in Anbetracht des eigenen Tauschwerts auf dem Markt erschwinglich ist. (...)

Nicht als ob man meinte, die Liebe sei nicht wichtig. Die Menschen hungern geradezu danach; sie sehen sich unzählige Filme an, die von glücklichen oder unglücklichen Liebesgeschichten handeln, sie hören sich Hunderte von kitschigen Liebesliedern an – aber kaum einer nimmt an, daß man etwas tun muß, wenn man es lernen will zu lieben. (...)

Hinter der Einstellung, daß man nichts lernen müsse, um lieben zu können, steckt zweitens die Annahme, es gehe bei dem Problem der Liebe um ein *Objekt* und nicht um eine *Fähigkeit.* Viele Menschen meinen, zu *lieben* sei ganz einfach, schwierig sei es dagegen, den richtigen Partner zu finden, den man selbst lieben könne und von dem man geliebt werde. (...)

(Aus: E. Fromm, Die Kunst des Liebens)

Verantworteter Umgang mit Sexualität

8 Rolling Stones: Komm, bleib die Nacht bei mir (Let's spend the night together)

Was dir auch durch den Kopf geht, sorg dich nicht
Ich habs nicht eilig, ich hab Zeit, ach je
Ich krieg nen Ballon und meine Zunge wird schwer
Ich bin am Flippen und mein Mund ist trocken
Ich bin high, aber ich will, will, will, oh ja
Komm, bleib die Nacht bei mir, ja
Jetzt brauch ich dich mehr denn je
Komm, bleib die Nacht bei mir, ja

Ich fühl mich stark und das kann ich nicht verhehlen
Oh ja, komm, bleib die Nacht bei mir
Aber dafür kann ich mich einfach nicht entschuldigen
Oh nein, komm, bleib die Nacht bei mir
Laß mich nicht hängen, bleib bei mir
Wir hätten ne Menge Spaß, einfach so
Einfach so, einfach so, oh ja
Komm, bleib die Nacht bei mir
Jetzt brauch ich dich mehr als je
Komm, bleib die Nacht bei mir
Komm, bleib die Nacht bei mir
Jetzt brauch ich dich mehr als je

Du kennst mein Lächeln, Baby
Du brauchst nen kleinen Anstoß, Baby
Ich bin mir wirklich sicher, Baby
Jetzt brauch ich dich mehr als je
Komm, bleib die Nacht bei mir
Komm, bleib die Nacht bei mir, ja

(Das passiert mir nicht jeden Tag
Oh ja, komm, bleib die Nacht bei mir
Ausreden gibts da nicht
Oh ja, komm, bleib die Nacht bei mir
Ich geb dir alles, was du brauchst
Und ich weiß, daß du mich voll bedienst

Oh ja ja ja oh ja
Komm, bleib die Nacht bei mir
Jetzt brauch ich dich mehr denn je
Komm, bleib die Nacht bei mir ...)

(„Let's spend the night together" von Jagger/Richards, dt. v. T. Schwaner, J. Fauser, C. Weissner in: Das Rolling Stones Songbuch)

9 Heinrich Böll: Begegnung

Sie öffnete die Küchentür, schob ihn langsam durch die Diele, öffnete die Tür zu ihrem Zimmer.
„Hier", sagte sie, „in meinem Zimmer, nicht dort."
„Mirzowa", flüsterte er.
„Wie kommst du auf diesen Namen? Mirzow heiße ich, und Katharina."
„Alle nennen dich so, und ich kann nicht anders an dich denken. Zeig es mir jetzt." Er wurde rot, weil er wieder ‚es' gesagt hatte und nicht ‚sie'.
„Es macht mich traurig", sagte sie, „daß es für dich eine Sünde ist."
„Ich will es sehen", sagte er.
„Niemand –", sagte sie, „mit niemand darfst du darüber sprechen."
„Nein."
„Versprichst du es?"
„Ja" –
Sie hielt immer noch den Mantel fest um die Brust gerafft und sah ihn nachdenklich an.
„Zeig es mir jetzt", sagte er.
Wenn sie lacht oder kichert, dachte er, schieß ich; aber sie lachte nicht: sie zitterte vor Ernst, ihre Hände flatterten, als sie die Knöpfe öffnen wollte, ihre Finger waren eiskalt und starr.
„Komm her", sagte er leise und sanft, „ich mache es." Seine Hände waren ruhig, sein Schrecken saß tiefer als der ihre; unten in den Fußgelenken spürte er ihn, es schien ihm, als seien sie biegsam wie Gummi, und er würde umkippen. Er öffnete die Knöpfe mit der rechten Hand, fuhr mit der linken dem Mädchen übers Haar, wie um sie zu trösten.
Ihre Tränen kamen ganz plötzlich, lautlos, ohne Ankündigung, ohne Getue. Sie liefen einfach die Wangen herunter.
„Warum weinst du?"
„Ich habe Angst", sagte sie, „du nicht?"

„Ich auch", sagte er, „ich habe auch Angst." Er war so unruhig, daß er den letzen Knopf fast abgerissen hätte, und er atmete tief, als er die Brust der Mirzowa sah; er hatte Angst gehabt, weil er sich vor dem Ekel fürchtete, vor dem Augenblick, wo er aus Höflichkeit würde heucheln müssen, um diesen Ekel zu verbergen, aber er ekelte sich nicht und brauchte nichts zu verbergen. Er seufzte noch einmal. So plötzlich, wie sie gekommen waren, hörten die Tränen des Mädchens auf zu fließen. Sie blickte ihn gespannt an: jede Regung seines Gesichts, den Ausdruck seiner Augen, alles nahm sie genau in sich auf, und jetzt schon wußte sie, daß sie ihm Jahre später einmal dankbar sein würde, weil er es gewesen war, der die Knöpfe geöffnet hatte.

Er blickte genau hin, berührte sie nicht, schüttelte den Kopf, und ein Lachen stieg in ihm auf.

„Was ist", fragte sie, „darf ich auch lachen?"

„Lach nur", sagte er, und sie lachte.

„Es ist sehr schön", sagte er, und er schämte sich wieder, weil er ‚es' gesagt hatte, nicht ‚sie', aber er konnte dieses ‚sie' nicht aussprechen.

„Mach es wieder zu", sagte sie.

„Nein", sagte er, „mach du es zu, aber warte noch einen Augenblick."

Still war es, scharf drang das Sonnenlicht durch den gelben Vorhang, der dunkelgrün gestreift war. Dunkle Streifen lagen auch auf den Gesichtern der Kinder. Mit vierzehn, dachte der Junge, kann man noch keine Frau haben.

„Laß mich's zumachen", sagte das Mädchen.

„Ja", sagte er, „mach es zu", aber er hielt ihre Hände noch einen Augenblick zurück, und das Mädchen sah ihn an und lachte laut heraus.

„Warum lachst du jetzt?"

„Ich bin so froh, und du?"

„Ich auch", sagte er, „ich bin froh, daß es so schön ist."

Er ließ ihre Hände los, ging ein paar Schritte zurück und wandte sich ab, als sie die Bluse zuknöpfte.

(Auszug aus: H. Böll, Im Tal der donnernden Hufe)

Kirchliche Stellungnahmen zur Sexualmoral

10 Denkschrift zu Fragen der Sexualethik. Erarbeitet von einer Kommission der Evangelischen Kirche in Deutschland

Der Mensch lebt nur als Mann oder als Frau; er ist also durch seine Sexualität bestimmt. Das geschlechtliche Gegenüber und die Begegnung von Männern und Frauen haben ihren Sinn in sich selbst. Deshalb dient die Sexualität nicht in erster Linie der Fortpflanzung. Mann und Frau sind aneinander gewiesen, um ihre Beziehung zu gestalten. In der Begegnung mit der Andersartigkeit des Partners erfährt der einzelne Mensch nicht nur eine Ergänzung, sondern er erkennt sich selbst und den anderen. (...)

Alle Beziehungen zwischen Mann und Frau sind von Geburt an auch sexueller Art. Nach Eintritt der körperlichen Geschlechtsreife gewinnen sie eine neue Qualität, die auf Partnerschaft zielt.

Für eine volle, dauerhafte partnerschaftliche Beziehung aber reicht die körperliche Geschlechtsreife allein nicht aus. Partnerschaftsfähigkeit ist abhängig von der Bereitschaft zur personalen und sozialen Verantwortung füreinander und für sich selbst. Diese wird erst allmählich entwickelt. Fehlt hierzu die Bereitschaft, so wird die Partnerschaft verfehlt.

Weil die Ehe von Mann und Frau heute eine besonders sorgfältige Vorbereitung erfordert, sind die vielfältigen Bemühungen von einzelnen und Gruppen, neue Wege zur Vorbereitung auf eine dauerhafte Partnerschaft von Mann und Frau zu suchen, zu begrüßen. In der Zeit zwischen sexueller und sozialer Reife können Möglichkeiten gefunden werden, im Verzicht auf genitale Befriedigung charakterliche Reife und menschliche Sicherheit zu gewinnen. (...)

Gegenwärtig werden geschlechtliche Beziehungen vor der Ehe – wenn auch unter bestimmten Vorbehalten – in der Gesellschaft gebilligt. Die Kirche steht vor der Frage, wie sie sich zu dieser Tatsache stellen soll. In der christlichen Ethik herrscht die einhellige Überzeugung, daß volle geschlechtliche Partnerschaft ihren Ort in der Ehe hat. Doch wird auch die Notwendigkeit anerkannt, sexuelle Entwicklungsprozesse differenziert zu sehen. Daher wird Geschlechtsverkehr verlobter oder fest befreundeter Paare in einer ganzheitlich-personalen Beziehung, die mit der Absicht auf Dauer verbunden ist, grundsätzlich anders gesehen als das „Ausprobieren“ mit wechselnden Partnern.

(Aus: Die Denkschriften der Evangelischen Kirche in Deutschland)

11 Apostolisches Schreiben Familiaris Consortio von Papst Johannes Paul II.

Infolgedessen ist die Sexualität, in welcher sich Mann und Frau durch die den Eheleuten eigenen und vorbehaltenen Akte einander schenken, keineswegs etwas rein Biologisches, sondern betrifft den innersten Kern der menschlichen Person als solcher. Auf wahrhaft menschliche Weise wird sie nur vollzogen, wenn sie in jene Liebe integriert ist, mit der Mann und Frau sich bis zum Tod vorbehaltlos einander verpflichten. Die leibliche Ganzhingabe wäre eine Lüge, wenn sie nicht Zeichen und Frucht personaler Ganzhingabe wäre, welche die ganze Person, auch in ihrer zeitlichen Dimension, miteinschließt. Wenn die Person sich etwas vorbehielte, zum Beispiel die Möglichkeit, in Zukunft anders zu entscheiden, so wäre schon dadurch ihre Hingabe nicht umfassend.

Die Ganzheit, wie sie die eheliche Liebe verlangt, entspricht auch den Forderungen, wie sie sich aus einer verantworteten Fruchtbarkeit ergeben. Auf die Zeugung eines Menschen hingeordnet, überragt diese ihrer Natur nach die rein biologische Sphäre und berührt ein Gefüge von personalen Werten, deren harmonische Einfaltung den dauernden, einträchtigen Beitrag beider Eltern verlangt.

Diese Hingabe ist in ihrer ganzen Wahrheit einzig und allein im „Raum" der Ehe möglich, im Bund ehelicher Liebe, auf dem Boden der bewußten und freien Entscheidung, mit der Mann und Frau die innige, von Gott gewollte Lebens- und Liebesgemeinschaft eingehen, die nur in diesem Licht ihren wahren Sinn enthüllt. Die Ehe als Institution ist weder ein ungebührliches Eingreifen der Gesellschaft oder der Autorität noch ein von außen kommendes Auferlegen einer Form, sondern eine dem ehelichen Liebesbund innewohnende Notwendigkeit, der sich dadurch der Öffentlichkeit als etwas Einmaliges und Ausschließliches kundtut, damit so die Treue zum Plan des Schöpfergottes voll verwirklicht wird.

(Aus: Verlautbarungen des apostolischen Stuhls, Sekretariat der Dt. Bischofskonferenz)

Freundschaften können auch zerbrechen

12 Theodor Weißenborn: Abschied von Angela

An diesem Morgen liegt die Stadt zum ersten Mal im Nebel. Eine Straßenbahn schwimmt konturlos oben nach Mönchberg hinüber, Claude hört sie bimmeln, die Brücke ist nicht zu sehen. Es ist kalt. Der Fluß ist gestiegen und zieht träge dahin; er leckt an dem steinernen Sockel des Geländers, einmal spuckt er vor Claude auf den Weg. Die Bahn hat aufgehört zu bimmeln, das Wasser gluckst, irgendwo schreien Möwen im Dunst.

Claude geht die Uferpromenade hinauf, durch das Laub der Platanen, das feucht und dunkel an den Schuhen klebt, an den Bootshäusern, den leeren Bänken vorbei, der Campingbeutel klopft ihm bei jedem Schritt weich auf den Rücken. Er hat die blaue Nietenhose an, den grauen Pullover, darüber die Windjacke. Er geht schnell, mit drängendem Schritt, schiebt sich durch den Wind. Allmählich wird ihm warm, und er fühlt sich, die Hände in den Jackentaschen, in der richtigen Stimmung. Nett von Angela, mir gestern die Hemden noch zu bügeln, denkt er, während er in der Tasche mit der Pfeife spielt, nett von dem Mädchen. Kein übles Gefühl, so mit sauberer Wäsche loszufahren. In vierzehn Tagen ist natürlich alles wieder beim alten. Naja, bis dahin ... Gestern abend, ob sie das verstanden hat? Sie wird wohl verstehen müssen. Man muß ja nicht grob werden. Wird schon nach Wunsch gehn, auch so. Er läßt seine Gedanken laufen: Fünfhundert hast du jetzt, den Rest schickt er dir nach. Trotzdem, verdammt schade um den Apparat! Leica M3, Teleobjektiv ... Na, ist jetzt doch zu spät. Die fünfhundert hast du wenigstens sicher. Mensch, fünfhundert! Das ist ganz schön. In Spanien könntest du da ein halbes Jahr mit auskommen. – Eh! – Claude kneift die Augen zusammen und blickt hinüber zu der Ecke, wo der Hirschgraben abzweigt. Schwarze Hose, karierte Jacke, schwarzes Haar – das ist übel, denkt er. Er geht unter dem Reklameband *Besucht die Max-Ernst-Ausstellung!* hinweg, auf die andere Straßenseite. Am Kiosk steht Angela.

„Hallo, Angela!“ sagt er.

„Hallo, Claude!“ sagt sie. „Ich wollte dich noch an die Straße bringen.“

„Ist ja prächtig, Mädchen“, sagt er und denkt: Übel, übel! Da stimmt was nicht. Jetzt bloß noch Szenen, Abschiedsszenen! „Allons!“ sagt er. Sie gehen den Hirschgraben hinauf zum Lindenrondell, von da auf dem kleinen Serpentinenweg zur oberen Stadt. Angela sagt kein Wort. Claude überlegt die ganze Zeit. Er bläst den Atem mit runden Lippen als Rauch in die Luft und bildet sich ein, daß er eine Zigarette im Mund hat. Ich hab' andere Sachen vor, denkt er. Ich kann sie nicht brauchen. Ich hab' keine Lust, länger zu bleiben. – Ja, manchmal ist es ganz schön, so versorgt zu werden. Warmes Essen, Wäsche, schlafen, mal ausruhn. Aber dann ... Er blickt auf

die Uhr. Viertel nach acht. Wenn wir erst aus der Stadt raus sind – um halb neun kann ich schon einen Wagen haben.
Der Nebel wird dünner und hört auf. Sie sind hier hundert Meter höher als unten am Fluß. Im Bodmerpark singen Vögel, dann ist auf einmal die Sonne da. Sie gehen durch die Anlagen am Hallerspital. Claude mag die Anlagen nicht. Die Bäume stekken schön fest in der Erde, daß man ihre Wurzeln nicht sieht, auf den Wegen hat man das Laub zusammengefegt. Aber der Wind schnüffelt in den Büschen, und auf einmal hat er einen Fetzen Zeitungspapier gefunden und jagt ihn mit einem Schweif von trockenen Blättern vor ihnen den Weg hinunter und über den Kies vor dem Springbrunnen. Das gefällt Claude. Sie gehen über den Bärenreiterplatz, bei Loeb um die Ecke, und plötzlich ist vor ihnen der Durchgang zwischen der Kantonalbank und dem Postamt, überwölbt von dem steinernen Bogen, der die beiden Gebäude verbindet. Angela ist stehengeblieben. „Schau dir *das* an!" sagt sie. „Schau doch nur! *Das* ist schön!" Claude blickt flüchtig auf. „Hm", macht er, er hat andere Dinge im Kopf. Das Tor hat ein Bild ausgeschnitten, ein helles, schimmerndes Bild: der Nebel im Tal, der leise über dem Fluß dahinzieht, vereinzelte Baumwipfel, die wie Wracks hier und da aus ihm auftauchen, überstrahlt vom frühen Glanz der Sonne, Straßen, die blendend weiß zwischen Bäumen in die Weite laufen, silberne, ferne Wälder, und am Horizont die Silhouette der Berge, fremd und klar unter dem strahlenden Himmel.
Angela blickt in die Ferne und schluckt: „Warum willst du nur nach Paris, Claude?"
„Ach, Mädchen, das verstehst du nicht. Was weißt du von Paris!" Claude bewegt unruhig die Schultern. „Ich hab' dir doch gesagt, ich will meine Freunde wiedersehn." Er denkt an die Keller am Montmartre, die Place Pigalle, Saint-Germain-des-Prés, die Bistros ... Jetzt sitzen sie vielleicht bei „Père Auguste" oder im „Clochard", André, Philippe, Alphonse, haben ihren Aperitif vor sich ... Ob Yvonne noch da ist und Louise? Egal. Irgend jemand wird schon da sein. Er schweigt und sieht an Angela vorbei. Zeit, daß ich hier wegkomme! denkt er. Dann: „Claude?" – „Hm?" – „Nimm mich mit nach Paris!"
Das hat er gefürchtet. Er hebt die Hand: „Komm mir bloß nicht mit so was! So'n Quatsch! Jetzt ist aber Schluß!"
Angela sagt nichts mehr. Sie sieht auf ihre Füße. Claude hat die Stirn gerunzelt. Sie gehen weiter. Der Blick durch das Tor weitet sich, die Ferne rückt näher, dann weicht der Rahmen des Tores auseinander und versinkt hinter ihnen, sie sind im Freien. Die Straße schwingt sich in einer Kehre vor ihnen hinaus, gegen das Tal der unteren Stadt durch ein Mäuerchen gesichert, zieht ein Stück am Berg entlang und verläuft sich in der Ferne. Die Ahorne leuchten golden vor dem blauen Himmel, Blätter taumeln durch die Luft, unten braust die Stadt. Plötzlich springt der Wind sie an wie eine bösartige Katze und zerwühlt Angela das Haar. Claude tut er nichts. Sie gehen einige hundert Schritte die Straße hinauf, bis an die Kreuzung, wo es nach Neuchâtel geht. – Vielleicht hat sie noch nicht begriffen, denkt Claude. Ich muß hart sein. Täuschen kann ich sie nicht. Das hat keinen Sinn. Ich kann sie nicht länger

brauchen. Sie hemmt mich – das ist alles. Und so gut ist sie ja auch nicht. Küßt nicht mal besonders. Wenn wirklich was mit ihr los wäre, würde sie nachkommen. Wenn sie wie Yvonne wäre oder Julie, ja dann – dann würde sie auch nicht fragen.
Sie gehen noch auf die rechte Straßenseite, dann sagt Claude: „Nett, daß du mich noch gebracht hast. 's ist nett gewesen die vier Wochen." Er gibt ihr die Hand: „Adieu, Angela!" – „Adieu, – Claude –!" sagt sie, nicht mehr, und steht noch da und sieht ihn an aus dunklen, entsetzten Augen. Da weiß Claude, daß sie ihn am Abend vorher nicht verstanden hat. Nichts hat sie da verstanden, kein Wort. Aber *jetzt* hat sie verstanden: Claude wird nicht wiederkommen. – Ihm ist unbehaglich. Er geht rückwärts ein paar Schritte von ihr weg, einen Fuß hinter den andern setzend, und sagt, so, daß es gutgelaunt klingt: „Kannst mir noch einen Gefallen tun, Mädchen. Kannst rübergehn auf die andere Seite, so fünfzig Schritt zurück. Dann komm ich hier besser weg." – Er atmet auf. Angela geht, wie er gesagt hat. Dann dreht sie sich nach ihm um, obwohl sie weiß, daß es unnötig ist. Claude steht an der Straße, ein Auto kommt von der Stadt herauf, wie es vorüberfährt, sieht Angela, daß nur ein Mann darinsitzt. Günstig, denkt sie automatisch. Claude hat den Arm gehoben, der Wagen stoppt, Angela sieht, wie Claude einsteigt. Er winkt ihr durch das Rückfenster noch einmal zu und grinst über das ganze Gesicht. Hat ja tadellos geklappt! sagt das Grinsen. Der Wagen fährt schon, verschwindet hinter einer Biegung, die Straße ist auf einmal leer.

Angela geht mit kleinen Schritten den Weg zurück. „Es ist nett gewesen", hat Claude gesagt. Und für mich war er alles, denkt sie. Auf einmal merkt sie, daß sie ihre Fingernägel ganz fest in die Handflächen drückt, daß es schmerzt. Sie kommt wieder an das Tor bei der Kantonalbank. Aber sie kommt von der anderen Seite jetzt. Von hier aus sieht man die Front des Kaufhauses durch das Tor; Schaufenster, Reklamesprüche, Autos, Menschen. Der Weg verengt sich, Angela geht unter dem steinernen Bogen weg in die Stadt.

(Aus: Theodor Weißenborn, Das Liebe-Haß-Spiel)

Freundschaft in der Bibel –
Die Freundschaft zwischen David und Jonathan

13 Die Freundschaft zwischen David und Jonathan (1. Sam., 1–4; 19, 1–7; 1–32)

13a

....
....

18 Schon nach wenigen Worten fühlte sich Sauls Sohn Jonathan zu David hingezo-
gen. Er gewann ihn so lieb wie sein eigenes Leben. 2 Saul behielt David bei sich und
ließ ihn nicht mehr zu seiner Familie zurückkehren. 3 Jonathan und David schworen
sich unverbrüchliche Freundschaft. „Du bist mir so lieb wie mein eigenes Leben",
sagte Jonathan zu David. 4 Dabei zog er Mantel und Rock aus und bekleidete ihn
damit, auch sein Schwert, seinen Bogen und seinen Gürtel schenkte er ihm.

19 Saul sprach zu seinem Sohn Jonathan und zu seinen Offizieren ganz offen dar-
über, daß er David umbringen wolle. Jonathan aber hatte David liebgewonnen,
2 deshalb warnte er ihn: „Mein Vater will dich töten. Nimm dich morgen in acht und
halte dich von früh an versteckt. 3 Ich werde mit meinem Vater aufs freie Feld hin-
ausgehen und dort, in der Nähe deines Verstecks, mit ihm über dich sprechen. Ich
werde seine Stimmung erkunden und dir dann Bescheid geben."
4 Jonathan setzte sich bei seinem Vater für David ein und sagte: „Mein König, ver-
greif dich nicht an deinem Diener David! Er hat dir doch nichts getan, im Gegenteil:
er hat dir einen großen Dienst geleistet. 5 Er hat sein Leben aufs Spiel gesetzt, als er
gegen Goliath antrat, und durch ihn hat der Herr ganz Israel geholfen. Du selbst
warst Zeuge davon und hast dich darüber gefreut. Warum willst du dich jetzt an ihm
vergreifen und einen Unschuldigen ohne jeden Grund umbringen?"
6 Saul ließ sich von Jonathan umstimmen und schwor: „So gewiß der Herr lebt:
David soll nicht sterben!" 7 Jonathan rief David zu sich und erzählte ihm alles. Dann
brachte er ihn zu Saul, und David stand wieder in Sauls Diensten wie zuvor.

20 David floh aus Rama und kam zu Jonathan. „Was habe ich deinem Vater ange-
tan?“ fragte er ihn. „Warum will er mich umbringen? Was wirft er mir vor?“
[2]„Er will dich nicht umbringen“, erwiderte Jonathan. „Das kann nicht sein. Er sagt
mir doch immer, was er vorhat, sogar die unbedeutendsten Kleinigkeiten. Warum
sollte er mir ausgerechnet dies verheimlichen? Glaube mir, es ist nichts daran.“
[3]„Aber dein Vater weiß doch genau, daß du mein bester Freund bist“, wandte David
ein. „Er will dich schonen, deshalb sagt er dir nichts. So gewiß der Herr lebt und so
gewiß du selbst lebst: Ich stehe schon mit einem Fuß im Grab.“
[4]„Sag mir doch, was ich für dich tun kann!“ bat Jonathan. [5]Da sagte David: „Morgen
ist das Neumondsfest, da erwartet der König mich als Gast an seiner Tafel. Wenn du
damit einverstanden bist, will ich fernbleiben und mich bis zum Abend[a] in der Um-
gebung verstecken. [6]Wenn dein Vater nach mir fragt, dann sag zu ihm: ‚David hat
mich gebeten, ihn zu entschuldigen. Er wollte in seine Vaterstadt Bethlehem gehen,
wo seine Sippe das jährliche Opferfest feiert. Er war in Eile.‘ [7]Sagt dein Vater: ‚Es ist
gut‘, so droht mir keine Gefahr. Wenn er aber zornig wird, weißt du, daß er ent-
schlossen ist, mich zu töten. [8]Bitte, tu mir diesen Gefallen! Denk an den Freund-
schaftsbund, den du mir gewährt und den du vor dem Herrn besiegelt hast. Wenn ich
aber wirklich schuldig bin, dann töte du mich! Liefere mich nicht deinem Vater aus!“
[9]Jonathan erwiderte: „Wie kannst du mir so etwas zutrauen? Wenn ich merke, daß
mein Vater dir ans Leben will, werde ich es dir sofort sagen.“ [10]David fragte weiter:
„Wie soll ich aber erfahren, was dein Vater gesagt hat und ob er zornig geworden
ist?“
[11]„Laß uns ins freie Feld hinausgehen“, schlug Jonathan vor. Während sie gingen,
[12]sagte er zu David: „Ich verspreche dir beim Herrn, dem Gott Israels: Übermorgen
um diese Zeit werde ich meinen Vater auf die Probe stellen. Ich bin ganz sicher, daß
du nichts zu fürchten hast. Wenn es anders ist, gebe ich dir Nachricht.

[13]Der Herr soll mich strafen, wenn ich dich nicht warne! Hat mein Vater wirklich
deinen Tod beschlossen, so lasse ich dich gehen, damit du dich in Sicherheit bringen
kannst. Ich bitte den Herrn, daß er dir dann beisteht, wie er meinem Vater beige-
standen hat. [14]Wenn ich noch erlebe, daß du König wirst, dann denk an die Güte, die
der Herr dir erwiesen hat, und schenke mir das Leben. [15]Schone auch meine Nach-

kommen! Entzieh ihnen nicht deine Gunst, selbst dann nicht, wenn der Herr alle
deine Feinde beseitigt hat.“ 16 Jonathan verpflichtete David und seine Familie darauf
und sagte: „Der Herr wird deine Söhne[a] zur Rechenschaft ziehen, wenn sie sich
nicht an unseren Bund halten!“ 17 Dann fügte er noch hinzu: „Schwöre mir, daß du
dich daran hältst! Du liebst mich doch. Denk daran, daß ich dich liebe wie mich
selbst!“
18 Jonathan sagte weiter: „Morgen am Neumondsfest wird man dich vermissen, weil
dein Platz leer ist. 19 Warte bis übermorgen und geh dann weit nach Süden an die
Stelle, wo du dich schon einmal verborgen hattest, und versteck dich hinter dem
Stein Ezel (Abschiedsstein). 20 Ich werde drei Pfeile in dieser Richtung abschießen,
als ob ich ein Ziel treffen wollte. 21 Dann schicke ich meinen Diener los, um die Pfeile
zu suchen. Paß gut auf! Wenn ich ihm zurufe: ‚Die Pfeile liegen näher bei mir‘, dann
kannst du hervorkommen; es steht gut für dich, du bist nicht in Gefahr, so gewiß der
Herr lebt. 22 Wenn ich ihm aber zurufe: ‚Sie liegen weiter weg‘, dann schickt der Herr
dich fort, und du mußt fliehen. 23 Denk aber an das, was wir einander versprochen
haben! Der Herr ist unser Zeuge, es gilt für alle Zeiten!“
24–25 David versteckte sich wie verabredet. Am Neumondstag setzte sich der König
zum Festmahl auf seinen gewohnten Platz an der Wand. Sein Heerführer Abner saß
neben ihm, Jonathan ihm gegenüber.[b] Davids Platz blieb leer. 26 Saul sagte nichts,
denn er dachte: „Es wird irgend etwas vorgefallen sein, so daß er den Reinheitsvor-
schriften nicht genügt.“
27 Als aber der Platz auch am zweiten Festtag leer war, fragte Saul seinen Sohn Jona-
than: „Was nimmt er sich heraus? Warum ist er weder gestern noch heute zum Fest-
mahl gekommen?“

28 Jonathan antwortete: „Er hat mich gebeten, ihn zu entschuldigen; er mußte drin-
gend nach Bethlehem. 29 Seine Sippe hält dort ein Opferfest. Sein Bruder hat ihn ge-
drängt, daran teilzunehmen. Er sagte zu mir: ‚Ich bitte dich, laß mich gehen, damit
ich meine Verwandten besuchen kann.‘ Deshalb ist er nicht an deine Tafel gekom-
men.“
30 Da packte Saul der Zorn; er schrie Jonathan an: „Du Bastard! Ich weiß genau, daß
du zu diesem hergelaufenen Kerl hältst. Schande über dich und deine Mutter! 31 So-
lange der noch lebt, mußt du für dein Leben fürchten und hast keine Aussicht, jemals
König zu werden. Schick hin und laß ihn festnehmen; er muß sterben!“
32 „Warum soll er sterben?“ fragte Jonathan. „Was hat er denn getan?“

13b

33 Da erhob Saul seinen Speer gegen Jonathan, als wollte er ihn durchbohren. Jona-
than sah, daß sein Vater fest entschlossen war, David umzubringen.
34 Empört stand er von der Tafel auf. Er konnte an diesem Tag keinen Bissen mehr
hinunterbringen. Er war tief getroffen, weil der Vater seinen Freund so beschimpft
hatte.
35 Am nächsten Morgen ging er zum verabredeten Platz. Nur einen jungen Diener
hatte er bei sich. 36 „Lauf voraus“, befahl er ihm, „und such die Pfeile, die ich ab-
schieße!“ Der Junge lief voraus, und Jonathan schoß einen Pfeil über ihn hinweg.
37 Als der Junge an die Stelle kam, wo der Pfeil niedergegangen war, rief Jonathan
ihm zu: „Der Pfeil liegt noch weiter draußen! 38 Bleib nicht stehen, lauf ihm nach!“
Der Junge hob den Pfeil auf und brachte ihn zurück. 39 Nur Jonathan und David wuß-
ten, was das bedeutete.
40 Jonathan gab seinem Diener Bogen und Pfeile und schickte ihn in die Stadt zurück.
41 Als er gegangen war, kam David aus seinem Versteck hinter dem Steinhaufen her-
vor. Er kniete vor Jonathan nieder und beugte sich dreimal zur Erde. Dann küßten
sie sich, und beide weinten. 42 „Geh in Frieden!“ sagte Jonathan. „Denk an das, was
wir einander vor dem Herrn geschworen haben. Auch unsere Nachkommen sind
daran gebunden für alle Zeiten. Der Herr ist unser Zeuge!“

(Übersetzung der Bibeltexte nach: Die Gute Nachricht, Die Bibel in heutigem Deutsch)

Das Hohe Lied der Liebe

**14 Marc Chagall:
Hohes Lied I**

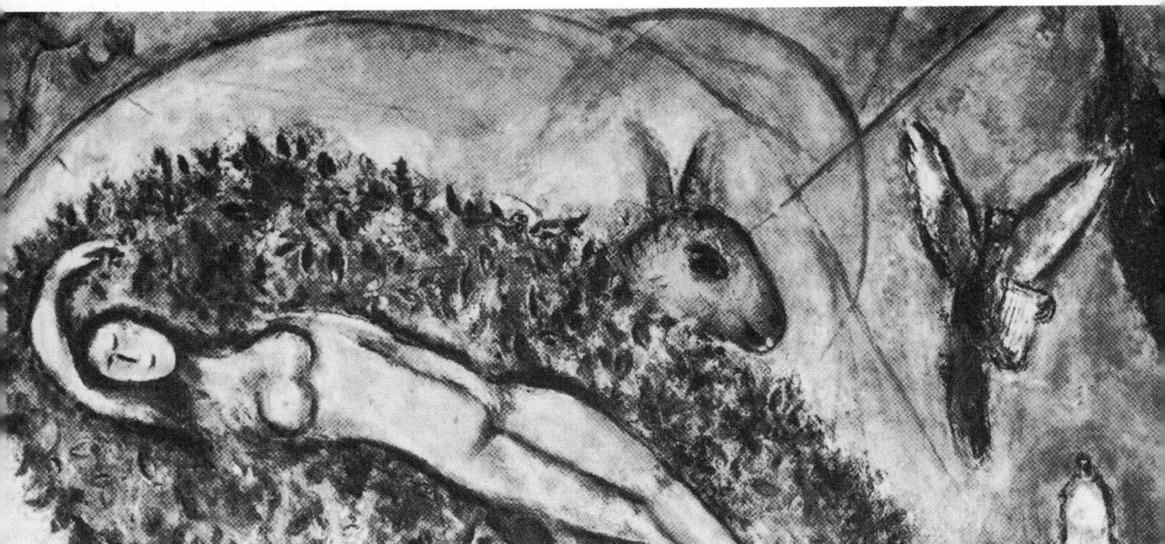

7,7–11 Siebenundzwanzigstes Lied

Wie bist du schön, wie reizend,
Geliebte voller Wonne!

So wie du dastehst,
gleichst du der Palme
und deine Brüste den Trauben.

Ich dachte: Ich steige auf die Palme,
greife nach ihren Rispen.
Deine Brüste will ich genießen wie Trauben des Weinstocks,
den Duft deiner „Nase“ wie Äpfel
und deinen Mund wie besten Wein.

Der geht geradewegs zu meinem Geliebten
und tropft den Schlafenden von den Lippen.

Ich gehöre meinem Geliebten,
und nach mir geht sein Verlangen.

7,12–13 Achtundzwanzigstes Lied

Komm, mein Geliebter,
wir gehen hinaus aufs Feld,
nächtigen in den Zyperblumen,

sind früh in den Weinbergen,
schauen, ob der Weinstock treibt,
ob die Knospen sich öffnen,
ob die Granaten blühen.

Dort schenke ich dir meine Liebe.

8,6–7 Dreiunddreißigstes Lied

Lege mich wie ein Siegel an dein Herz,
wie ein Siegel an deinen Arm!

Denn stark wie der Tod ist die Liebe,
hart wie die Unterwelt die Leidenschaft.

Ihre Brände sind Feuerbrände,
eine mächtige Flamme.

Große Wasser können die Liebe nicht löschen,
Ströme schwemmen sie nicht fort.

Gäbe einer Hab und Haus für die Liebe,
verachten würde man ihn, verachten.

(Übertragung nach: H. Haag/K. Elliger, Wenn er mich doch küßte,
Das Hohe Lied der Liebe)

Quellenverzeichnis

1 Vom Verfasser
2 Vom Verfasser
3 Tobias Brocher, Von der Schwierigkeit zu lieben, Stuttgart 1975, Kreuz-Verlag, S. 9–11
4 A. de St. Exupéry, Der kleine Prinz. Düsseldorf 1956, Karl Rauch Verlag, S. 62/72
5 Werbung 1974
6 Vom Verfasser
7 E. Fromm, Die Kunst des Liebens. Frankfurt 1980. Ullstein Tb 35258, S. 11–13 – aus didaktischen Gründen wurde die Textanordnung gegenüber dem Original teilweise verändert.
8 „Let's spend the night together" von Jagger/Richards. Abdruckgenehmigung von Essex-Musikvertriebs-GmbH, Köln. Dt. v. T. Schwaner, J. Fauser, C. Weissner in: Das Rolling Stones Songbuch, Frankfurt a.M. 1977, Verlag Zweitausendeins, S. 75
9 H. Böll, Im Tal der donnernden Hufe. Köln 1966, KiWi; Romane und Erzählungen, Bd. 3, S. 256/58
10 Verlautbarungen des apostolischen Stuhls, Sekretariat der Dt. Bischofskonferenz, Bonn 1982, Heft 33, S. 15/16
11 Die Denkschriften der Evangelischen Kirche in Deutschland, Bd. 3: Ehe, Familie, Sexualität, Jugend; Bertelsmann Verlag, Gütersloh 1981, S. 147, 153, 154
12 T. Weißenborn, Das Liebe-Haß-Spiel, 25 Stories, Tübingen 1973, Erdmann, S. 154/158
13 Übersetzung der Bibeltexte nach: Die Gute Nachricht, Die Bibel in heutigem Deutsch, Dt. Bibelgesellschaft, Stuttgart 1982
14 Marc Chagall, Das Hohe Lied, © Cosmopress, Genf 1986
15 Übertragung nach: H. Haag/K. Elliger, Wenn er mich doch küßte, Das Hohe Lied der Liebe. Tübingen 1983, S. 70, 72 und 78